Todos los libros de Linkgua Ediciones cuentan con modelos de Inteligencia Artificial entrenados por hispanistas. Pregúntale al chat de tu libro lo que desees acerca de la obra o su autor/a.

Para ebooks: Accede a nuestro modelo de IA a través de este enlace.

Para libros impresos: Escanea el código QR de la portada con tu dispositivo móvil.

Obtén análisis detallados de nuestros libros, resúmenes, respuestas a tus preguntas y accede a nuestras ediciones críticas generativas para una experiencia de lectura más enriquecedora.
La transparencia y el respeto hacia la autoría de las fuentes utilizadas son distintivos básicos de nuestro proyecto. Por ello, las respuestas ofrecen, mediante un sistema de citas, las fuentes con las que han sido elaboradas.

Pedro Calderón de la Barca

La plazuela
de Santa Cruz

Barcelona 2024
Linkgua-ediciones.com

Créditos

Título original: La plazuela de Santa Cruz.

© 2024, Red ediciones S.L.

e-mail: info@Linkgua-ediciones.com

Diseño cubierta: Michel Mallard

ISBN rústica: 978-84-9816-432-9.
ISBN ebook: 978-84-9816-709-2.

Sumario

Créditos   4

Brevísima presentación   7
     La vida   7

La plazuela de Santa Cruz   9

Personajes   10

Acto único   11

Libros a la carta   27

Brevísima presentación

La vida

Pedro Calderón de la Barca (Madrid, 1600-Madrid, 1681). España.

Su padre era noble y escribano en el consejo de hacienda del rey. Se educó en el colegio imperial de los jesuitas y más tarde entró en las universidades de Alcalá y Salamanca, aunque no se sabe si llegó a graduarse.

Tuvo una juventud turbulenta. Incluso se le acusa de la muerte de algunos de sus enemigos. En 1621 se negó a ser sacerdote, y poco después, en 1623, empezó a escribir y estrenar obras de teatro. Escribió más de ciento veinte, otra docena larga en colaboración y alrededor de setenta autos sacramentales. Sus primeros estrenos fueron en corrales.

Lope de Vega elogió sus obras, pero en 1629 dejaron de ser amigos tras un extraño incidente: un hermano de Calderón fue agredido y, éste al perseguir al atacante, entró en un convento donde vivía como monja la hija de Lope. Nadie sabe qué pasó.

Entre 1635 y 1637, Calderón de la Barca fue nombrado caballero de la Orden de Santiago. Por entonces publicó veinticuatro comedias en dos volúmenes y La vida es sueño (1636), su obra más célebre. En la década siguiente vivió en Cataluña y, entre 1640 y 1642, combatió con las tropas castellanas. Sin embargo, su salud se quebrantó y abandonó la vida militar. Entre 1647 y 1649 la muerte de la reina y después la del príncipe heredero provocaron el cierre de los teatros, por lo que Calderón tuvo que limitarse a escribir autos sacramentales.

Calderón murió mientras trabajaba en una comedia dedicada a la reina María Luisa, mujer de Carlos II el Hechizado. Su hermano José, hombre pendenciero, fue uno de sus editores más fieles.

La plazuela de Santa Cruz

Personajes

Don Gil
Otro Hombre
Un Herbolaria
Una Frutera
Una Entremetida
Músicos
Un Espadero
Una que vende prendas
Un Librero
Un Sacamanchas
Cuatro presos dentro

Acto único

(Salen Don Gil y un Hombre.)

Hombre   ¿A dónde vais tan de mañana?

Don Gil   Amigo,
              voy hacia Santa Cruz.

Hombre   Dios me es testigo
              que no he visto hombre que madrugue
              tanto.

Don Gil   Yo sí lo he visto.

Hombre   ¿Vos? Mucho me espanto;
              mas quién es ahora saber quiero.   5

Don Gil   ¡Que no lo echéis de ver! Vos, majadero,
              que si tanto no hubierais madrugado,
              fuera imposible haberme aquí encontrado.

Hombre   Tenéis razón; mas ir allá ¿qué os mueve?

Don Gil   Tengo en la cárcel un negocio leve   10
              sobre el averiguar cierto disgusto;
              y más, que para mí no hay mayor gusto
              que entre cuantos allí ponen sus tiendas
              ver cada día cuatro mil contiendas.
              Y pues hacia allá vais, no es conveniente 15
              referiros el número de gente

que a todos causa regocijo y risa.

Hombre   Yo lo veré. Venid, que estoy de prisa.

(Vanse.)

(Dentro la Frutera.)

Frutera   Sácame aquesa tienda; ¿te haces ganga?
                    ¡Servir y no servir! ¿Es mojiganga?   20

Uno   Aquí está ya, señora, no des voces.

(Dentro.)

Frutera   Calla, que te daré cuatro mil coces.

(Dentro todos.)

Prendera   Desátame esos líos.

Frutera   Pon el peso.

Herbolaria   Llega acá esa banasta. ¡Pierdo el seso!

Frutera   Ten ese garabito, impertinente.   25

Sacamanchas   Ya por las calles anda mucha gente.

(Salen todos con sus tiendas en mesas.)

                    Pues a vender, y sin hacer extremos,

para ver si hay quien compre, pregonemos.

(Cantando.)

Frutera
Por fea, y vender camuesas,
serpiente todos me llaman,   30
y por ser propio de sierpes
engañar con las manzanas.

Sacamanchas
Yo confieso que en mi oficio

(Representando.)

se encierra virtud muy rara,
pues ya que no quita culpas   35
por lo menos saca manchas.

Prendera
Yo salgo aquí a vender prendas,

(Representando.)

y hallo en eso mi ganancia,
porque en llegando a venderse
ya están todas rematadas.   40

Herbolaria
[Herbolaria soy, señores],

(Cantando.)

y todos de mí se cansan,
por ver que soy de la hoja,

y ando siempre por las ramas.

Espadero	A comprar espadas vengan,	45

(Representando.)

pues que son como las damas,
que todas parecen bien
en estando acicaladas.

Librero   Yo soy librero, señores,

(Representando.)

oficio de virtud rara,   50
porque todos los libreros
siempre se inclinan a estampas.

Sacamanchas   ¡Vengan a sacar manchas!

Frutera   ¡Ea, chiquillos,

(Pregonando.)

a ocho doy camuesas!   55

Librero   ¡Cómprenme libros!

Prendera   ¡Vayan viniendo todos
a comprar prendas!

Herbolaria   Mis raíces son muebles:

¿quién me los lleva?   60

(Sale la Entremetida, que es la graciosa, con una mantellina
terciada.)

Entremetida   Con dos espadas tienen,
                   si hay quien las compre,
                   puños, vueltas y puntas,
                   y guarniciones,

(Canta.)

(Sale Don Gil.)

                   ¡Vive Dios, que cuanto hubiere   65
                   hoy he de concertar!

Frutera   Calla,
                   que no es éste mala pieza.

Entremetida   ¡Que no haya quien compre nada,
                   para entrar yo en el concierto
                   por un lado! ¡Cosa rara!   70
                   Amigas, no pienso que hoy
                   partiremos la ganancia.

Prendera   ¿Qué busca usté?

Don Gil   Estas pistolas

(Tómalas y, en viéndolas, las deja.)

quiero ver.

Entremetida	Son muy bizarras.
Don Gil	¿Cuánto valen?
Prendera	Ocho escudos. 75
Entremetida	Cierto que son bien baratas; no se ha de ir vusté sin ellas.
Don Gil	Sí haré tal.
Entremetida	Ha de llevarlas.
Don Gil	Yo no quiero.
Entremetida	Yo sí quiero.
Don Gil	Yo no, porque no es ganancia 80 estar yo sin un sustento con dos bocas más en casa.

(Llega al puesto.)

Entremetida	Pues férieme este brasero.
Don Gil	Eso de muy buena gana. Ve aquí vusté caja y bacia. 85

(Saca una cajuela de tabaco sin nada dentro y dásela.)

Entremetida
(Aparte.)

(El me pagará la maula
con seguirle.)

Prendera

(Digo, amigas,
el ginovés no es muy rana.

Todas (Aparte.)   No.

(Llega al puesto de la Frutera y echa frutas en el cesto.)

Don Gil

Deme de estas camuesas
cuatro libras, y estas malas   90
no las eche.

Frutera

Enhorabuena;
¿dónde han de ir?

Don Gil

En la capa.

Entremetida

Lo que es camuesas, mejores
no han de venir a la plaza.
Sin escrúpulos se pueden   95
llevar.

Don Gil

Mujer, ¿eres maza?
Ya no las quiero.

Entremetida

¿Por qué,
si comprándolas estaba?

Don Gil

Porque no había reparado

	que era ésta fruta vedada.	100
Frutera	¡Vuelva otra vez a hacer burla! ¡Oye, seo golilla!	
Entremetida	Calla. No parece que he salido hoy con tan buen pie de casa como otras veces. Mas ya con una herbolaria habla.	105

(Llega la Herbolaria.)

Don Gil	¿Tiene usté flor de tomillo?	
Herbolaria	Sí, señor.	
Don Gil	¿Y flor de malva?	
Herbolaria	También.	
Don Gil	¿Y flor de borrajas?	
Herbolaria	También.	
Don Gil	¿Y flor de romero?	110
Herbolaria	Sí, señor; ¿qué es lo que manda?	
Don Gil	Que, pues tiene tantas flores, se junte con esta dama.	

Herbolaria	¿Pues conmigo, que las vendo,
	gasta el zamarrilla chanzas? 115

Frutera	¡A ocho! ¡A ocho camuesas!

(Pregonando.)

Librero	¡Que no haya vendido blanca!

Sacamanchas	Hacen falta los terceros.

Prendera	Los cuartos hacen más falta.

Entremetida (Aparte.)   (Yo tengo de perseguirle.)
                    120

Don Gil (Aparte.)   (Yo tengo de atormentarla.)

(Llega al Espadero.)

Una espadita de lomo
quisiera no muy cargada.

Espadero	¿Pide usted espada o carne?

Don Gil	¡Por Dios, que es hombre de chanzas! 125

Espadero	Vea aquí una harto famosa.

(Toma la espada y mírala.)

Don Gil	Sí, mas no está bien sacada.
Espadero	Mire usté, que es de las viejas.
Don Gil	La guarnición lo declara.
Espadero	¿En qué?
Don Gil	En ser propio de viejas, 130 el estar avellanadas. Mas, ¿es vaina abierta, diga?
Espadero	No, ¿por qué lo preguntaba?
Don Gil	Porque si la traigo abierta, se verá luego tomada. 135
Entremetida	Cómprela, que no ha de hallar otra tan buena y barata.
Don Gil	Yo no quiero.
Entremetida	Yo sí quiero.
Don Gil	¿Hay mujer más porfiada?
Entremetida	Pues ¿por qué se ha de ir sin ella? 140
Don Gil	Porque no quiero comprarla.
Entremetida	Pues ¿por qué?

Don Gil	Porque se queda
	y yo me voy. Camarada,

(Deja la espada y vase al puesto del Sacamanchas.)

               óyeme,

Sacamanchas	¿Qué es lo que dice?	
Don Gil	¿Quiere sacarme una mancha?	145
Sacamanchas	¿Adónde está?	

(Mírale de alto abajo.)

Don Gil	¿No la ve?
Sacamanchas	Yo no la veo en la capa
	ni en la ropilla.
Don Gil	Teneos,
	que no es ésa; ¡ay cosa rara!
Sacamanchas	¿Pues cuál?

Don Gil	La desta mujer,	150
	que me ha vendido hasta el alma.	
Sacamanchas	Esa, aunque usté eche la hiel,	
	no quedará bien sacada.	
Entremetida	Pues ¿cómo me trata así,	

	diga, señor limpiacapas?	155

| Sacamanchas | Si yo de limpiarlas vivo, otros comen de cortarlas. |

| Prendera | ¡Gran gusto es ver a los dos! En seguirle está empeñada. |

(Llega al puesto del Librero.)

| Don Gil | ¿Tendrá usted un libro bueno? | 160 |

| Librero | Sí: ¿de qué ha de ser? |

| Don Gil | De chanzas. |

| Librero | Ahí hay infinitos cuerpos de papel. |

(Tómalos y vuélveselos a dejar.)

| Don Gil | No valdrán nada. Porque cuerpos de papel tendrán de trapo las almas. | 165 |

(Vanse las mujeres y todos los oficios, y debajo del tablado, como presos, dos hombres en cada ventana con sombrerillos en cañas piden limosna, quedando en el tablado Don Gil y la Entremetida.)

| Todos | Den todos a aquestos pobres |

encarcelados.

Entremetida   ¡Santa Ana!
¿De dónde salió esta voz?

Don Gil   Pues ya que en todo se halla,
vaya en aquel sombrerillo   170
a meter gorra.

Entremetida   ¿Yo? ¡Guarda!
¿No ve que éstos son ladrones?

Don Gil   ¿En qué lo ha visto?

Entremetida   En las cañas
de pescar.

Preso I   A estos pobres
encarcelados, ¿qué paras?   175

Preso II   Den todo el mundo limosna.
Dos cuartos; alza la taba.

Preso III   A cuarto, y cuarto, y terceras.

Preso IV   Duélales nuestra desgracia.

Preso III   Una, dos, tres; aquí llamo.   180

Preso IV   Cuatro, cinco; anda, que encaja.
Den limosna a aquestos pobres.

Seis, siete, ocho.

Preso I   ¡Mal haya
                         la pinta! Dennos limosna.

Preso II   Voila, porque está rascada   185
                         esa taba, y yo no pago.

Preso III   A cuarto, y cuarto.

Preso IV   Baraja,
                         que es encuentro. A tres, y tres,
                         y lo que cayere en cuarta.

Entremetida   Jugando están el dinero;   190
                         ¿quién vio cosa más extraña?

(Sale el Hombre.)

Hombre   Pues don Gil, ¿cómo tan solo?
                         Viendo lo poco que falta
                         para las Carnestolendas,
                         ¿no prevenís mojigangas?   195

Don Gil   A eso vine a la Corte.

Entremetida   Pues porque a su tierra vaya
                         con alguna cosa nueva
                         le cantaré una tonada
                         al son deste panderillo.   200

Don Gil   Si es nueva será bizarra

(Salen todos.)

                 para mi lugar.

Entremetida   Escuche,
                 porque va de arenga,

Frutera   Vaya,
                 que todas ayudaremos
                 a bailar lo que tú cantas.   205

Entremetida   Una tonada nueva,
                 niña, te traigo,
                 corriendo, volando por el aire.
                 ¡Ay, que si caigo con ella,
                 la descalabro,   210
                 corriendo, volandito, volando!
(Representando.) Dale, dale, que dale, que dale,
                 que si el aire lo quiso,
                 [...] páguelo el aire,
                 corriendo, volando por el aire.   215
                 Si estas chanzas os gustan,
                 que vaya el baile:
                 corriendo, volando por el aire.
                 Vaya, vaya, que vaya, que venga.
                 Repicad bien, muchachas, las castañetas.220
                 Corriendo, volando, etc.

Libros a la carta

A la carta es un servicio especializado para
empresas,
librerías,
bibliotecas,
editoriales
y centros de enseñanza;
y permite confeccionar libros que, por su formato y concepción, sirven a los propósitos más específicos de estas instituciones.

Las empresas nos encargan ediciones personalizadas para marketing editorial o para regalos institucionales. Y los interesados solicitan, a título personal, ediciones antiguas, o no disponibles en el mercado; y las acompañan con notas y comentarios críticos.

Las ediciones tienen como apoyo un libro de estilo con todo tipo de referencias sobre los criterios de tratamiento tipográfico aplicados a nuestros libros que puede ser consultado en Linkgua-ediciones.com.

Linkgua edita por encargo diferentes versiones de una misma obra con distintos tratamientos ortotipográficos (actualizaciones de carácter divulgativo de un clásico, o versiones estrictamente fieles a la edición original de referencia).

Este servicio de ediciones a la carta le permitirá, si usted se dedica a la enseñanza, tener una forma de hacer pública su interpretación de un texto y, sobre una versión digitalizada «base», usted podrá introducir interpretaciones del texto fuente. Es un tópico que los profesores denuncien en clase los desmanes de una edición, o vayan comentando errores de interpretación de un texto y esta es una solución útil a esa necesidad del mundo académico.

Asimismo publicamos de manera sistemática, en un mismo catálogo, tesis doctorales y actas de congresos académicos, que son distribuidas a través de nuestra Web.

El servicio de «libros a la carta» funciona de dos formas.

1. Tenemos un fondo de libros digitalizados que usted puede personalizar en tiradas de al menos cinco ejemplares. Estas personalizaciones pueden ser de todo tipo: añadir notas de clase para uso de un grupo de estudiantes, introducir logos corporativos para uso con fines de marketing empresarial, etc. etc.

2. Buscamos libros descatalogados de otras editoriales y los reeditamos en tiradas cortas a petición de un cliente.